GUÍA DE LECTURA

Escrita por Natacha Cerf
Traducida por Marta Sánchez Hidalgo

Fin de partida

de Samuel Beckett

Entiende fácilmente la literatura con

ResumenExpress.com

www.resumenexpress.com

SAMUEL BECKETT 1

Novelista, poeta y dramaturgo irlandés

FIN DE PARTIDA 2

Lo absurdo de la vida consagrada a la muerte

RESUMEN 3

ESTUDIO DE LOS PERSONAJES 6

Hamm y Clov
Nagg y Nell

CLAVES DE LECTURA 12

Una obra muy sombría
La revolución dramaturga
Lo absurdo

PISTAS PARA LA REFLEXIÓN 19

Algunas preguntas para profundizar en su reflexión...

PARA IR MÁS ALLÁ 21

SAMUEL BECKETT

NOVELISTA, POETA Y DRAMATURGO
IRLANDÉS

- **Nacido en 1906 en Dublín (Irlanda)**
- **Fallecido en 1989 en París (Francia)**
- **Algunas de sus obras:**
    - *Molloy* (1951), novela
    - *Esperando a Godot* (1952), obra de teatro
    - *Fin de partida* (1957), obra de teatro

Samuel Beckett es un escritor irlandés nacido en Dublín en 1906. Es lector de inglés en la Escuela normal superior en París en 1928-1929, más tarde se instala en la capital francesa en 1938. En 1945 empieza a escribir obras en francés como su novela *Molloy* (1951) o la obra *Esperando a Godot* (1952).

Samuel Beckett, premio Nobel de Literatura en 1969, es un escritor importante del teatro del absurdo y describe con un humor muy negro la decadencia y ociosidad del hombre moderno. Muere en 1989.

FIN DE PARTIDA

LO ABSURDO DE LA VIDA CONSAGRADA A LA MUERTE

- **Género:** teatro del absurdo
- **Edición de referencia:** Beckett, Samuel. 1999. *Fin de partida*. Traducido por Ana María Moix. Madrid: El Mundo, colección *Millenium*
- **Primera edición:** 1957
- **Temáticas:** cuerpo, fin del mundo, aburrimiento, muerte, odio, absurdo, relaciones humanas

Fin de partida, escrita en francés en 1957, es la segunda obra de Samuel Beckett que se ha representado. Se dice que la obra pertenece al teatro del absurdo, lo que el autor rebate. En un único acto, narra la historia de cuatro personajes físicamente disminuidos, que viven en una casa situada en un mundo apocalíptico. No pasa nada y los protagonistas declaran que quieren acabar con ella. La obra pretende ser una parodia de las convenciones teatrales clásicas.

RESUMEN

Esta obra está compuesta en un solo acto. Presenta a cuatro personajes que intentan sobrevivir al Apocalipsis desde un refugio. Casi no hay acción puesto que consiste principalmente en esperar.

La didascalia inicial presenta un espacio escénico extremadamente sobrio: «Interior desamueblado. Luz grisácea» (Beckett 1999, 17). La habitación no tiene ningún mueble: sólo hay dos ventanitas con las cortinas echadas y una puerta cerca de un cuadro del revés. Una atmósfera apocalíptica invade la escena desde la primera réplica: «Acabó, se acabó, acabará, quizás acabe» (Beckett 1999, 18).

En realidad se trata de un refugio del fin del mundo en el que sobreviven cuatro personajes:

- Hamm, ciego y parapléjico;
- Clov, su criado discapacitado visual, anda con dificultad y no consigue sentarse;
- Nell y Nagg, sus padres sin piernas que viven en las basuras y que forman una pareja indisociable.

Debido a sus discapacidades, casi todos están obligados a estar inmóviles o, por lo menos, permanecer encerrados en el refugio. Clov es el único que todavía se puede mover, pero nunca toma la decisión de irse.

Todos se odian:

- Hamm maldice a su padre por haberle engendrado y

envenena a su madre;

- su padre le odia por maltratarles;
- Clov, al que Ham considera como su criado, amenaza con irse, pero nunca se decide.

Hablan de todo y de nada. O sólo de nada. Fuera es el vacío. El fin del mundo se identifica con el desierto:

> «Clov: ¿Cómo está todo? ¿En una palabra? ¿Es eso lo que quieres saber? Un segundo. (Apunta con el catalejo hacia el exterior, observa, baja el catalejo, se vuelve hacia HAMM.) Mortibus. (Pausa.) ¿Qué? ¿Satisfecho?
> Hamm: Mira el mar.
> Clov: Es igual.
> Hamm: ¡Mira el océano!
> CLOV desciende de la escalerilla, avanza unos pasos hacia la ventana de la izquierda, se vuelve para coger la escalerilla, la coloca bajo la ventana de la izquierda, se sube, apunta el catalejo hacia el exterior, mira un buen rato. Se sobresalta, baja el catalejo, lo examina, apunta de nuevo.
> Clov: Nunca vi una cosa semejante.
> Hamm (inquieto): ¿Qué? ¿Una vela? ¿Una aleta? ¿Humo?
> [...]
> Clov: Nada.
> [...]
> Hamm: ¿Y el horizonte? ¿No hay nada en el horizonte?
> Clov (bajando el catalejo, se vuelve hacia Hamm, exasperado): ¿Pero qué quieres que haya en el horizonte?» (Beckett 1999, 42-43).

Los mares son de plomo. No hay sol. Todo el universo está oscuro claro. En estas condiciones, ¿para qué huir? Sólo les queda aburrirse desesperadamente. Una fatiga absoluta.

Las únicas acciones que hace Clov son algunos desplazamientos refunfuñando para satisfacer las demandas de Hamm: le da su calmante, su peluche, le explica lo que hay fuera, etc. No pasa nada.

> «Hamm: Ayúdame. (CLOV no se mueve.) Ve a buscar la sábana. (Clov no se mueve.) Clov.
> Clov: Sí.
> Hamm: No te daré nada de comer.
> Clov: Entonces moriremos.
> Hamm: Te daré lo justo para impedir que te mueras. Siempre padecerás hambre.
> Clov: Entonces no moriremos. (Pausa.) Voy a por la sábana» (Beckett 1999, 21).

Todos esperan el fin de la partida con la impaciencia de los que quieren morir.

ESTUDIO DE LOS PERSONAJES

HAMM Y CLOV

Forman una pareja en la que uno no va sin el otro. No se separan y si Hamm está solo en algún momento, es por muy poco tiempo. Tienen muchos puntos en común hasta el punto de ser intercambiables:

- los dos tienen muchas discapacidades físicas: Hamm es parapléjico, está obligado a quedarse sentado en su silla de ruedas, mientras que Clov es incapaz de sentarse, está obligado a quedarse de pie a lo largo del tiempo; Hamm es ciego y Clov ve muy mal. Los dos tienen una movilidad reducida y un estado de salud precario. Hamm se toma calmantes y estimulantes, mientras que Clov «apesta» ya a «cadáver» (Beckett 1999, 58);
- su estado civil es incierto. Los monosílabos que forman sus nombres se esfuerzan en hacer verdaderos patronímicos. Son viejos, pero no sabemos su edad exacta. Su biografía sólo comprende algunos elementos raros: los padres de Hamm son Nagg y Nell, la madre Pegg se encontraba entre sus conocidos, sirvió a un loco y le hizo de padre a Clov. En cuanto a Clov, no sabemos más: no se acuerda de su padre e ignora por qué está en casa de Hamm. Clov y Hamm son dos seres que no parecen haber vivido realmente: no tienen un gran pasado ni una verdadera existencia;
- son dos seres presos, encerrados entre muros. Consideran el exterior un infierno y el interior un refugio. Hamm no quiere salir y de todas formas no lo podría hacer. Clov

podría, pero no lo hace. Aunque amenace sin cesar a Hamm de que lo va a abandonar, se queda. Al final de la obra, distinguimos a Clov en el escenario con una maleta, preparado para ejecutar su amenaza de deserción, pero no se mueve;

- creen que la vida es una maldición, un castigo, una enfermedad «sin remedio» (Beckett 1999, 64). En consecuencia, atacan todo lo que podría o ha podido dar vida (los insultos de Hamm a su padres, el deseo de Clov de matar a la pulga o al niño, etc.). Comparten el mismo discurso desequilibrado sobre los procreadores potenciales;

- los determina la misma falta de ilusión. No creen en nada: ni en Dios, ni en la felicidad, ni en lo ideal. Sus palabras, que manifiestan esta convergencia, son siempre paralelas o complementarias:

> «Hamm: ¿No te parece que esto ha durado demasiado?
> Clov: ¡Sí! (Pausa.) ¿Qué ?
> Hamm: Es... este... asunto.
> Clov: Siempre lo pensé. (Pausa.) ¿Tú, no?» (Beckett 1999, 57).

Clov desea un mundo de silencio y de inmovilidad. Al igual, Hamm quiere callarse y quedarse tranquilo para acabar con el sonido y el movimiento;

Hamm predice a Clov que será como él: «Un día te quedarás ciego. Como yo. Estarás sentado en cualquier lugar, pequeña plenitud perdida en el vacío, para siempre, en la oscuridad. Como yo. [...] Sí, un día sabrás lo que es esto, serás como yo [...]» (Beckett 1999, 48-49). Clov, que sabe que va a volverse ciego y paralítico ve más a Hamm como su futuro que como padre adoptivo. Al contrario, Hamm ve en él su pasado puesto que el lento deterioro de Clov ha sido el suyo. Son el espejo del otro. De esta forma, Hamm es como el doble envejecido de Clov.

Aparte de este parecido, también son interdependientes:

- Clov es esclavo de Hamm. Es su juguete y cumple todos sus caprichos. Empuja su silla de ruedas y soluciona todas sus necesidades: le consigue sábanas, un catéter, un perro, un calmante, etc. Realiza todas las órdenes que Hamm repite con gusto: «Ve a buscarme el bichero» (Beckett 1999, 55), «Ve a por la aceitera» (*ib.*), «Despiértalo» (Beckett 1999, 60), etc. Abusa del imperativo y domina los diálogos. Además, Hamm maltrata a Clov al que usa como cabeza de turco. Se descarga con él y quiere que obedezca e implore como un perro;
- Hamm depende de Clov. Sin Clov, Hamm no puede hacer nada: ni mover su silla de ruedas, ni saber qué pasa en el exterior, ni tener un oyente cuando necesita que le escuchen para burlar su aburrimiento. Hamm sin interlocutor no es nada. Las relaciones de dominación cambian a veces: cuando Clov se vuelve menos dócil, se niega a obedecer, eleva la voz o incluso le pega con su peluche;
- no pueden vivir solos: «No puedo abandonarte» (Beckett 1999, 57), dice Hamm. Es incapaz de reemplazar a Clov y no tiene autonomía. Clov, por su lado, siempre amenaza con irse (Beckett 1999, 50-51), pero nunca lo hace porque no tiene sitio al que ir. Sus intentos de escaparse resultan ser siempre fracasos porque se cree muy viejo e incapaz de cambiar sus costumbres. Por algún lado, también está paralizado. Sus patronímicos hacen referencia a las

palabras inglesas «clov» y «hammer», es decir, el clavo y el martillo. Uno necesita al otro, el uno sin el otro no sirve para nada. La complementariedad y la dominación caracterizan esta relación.

NAGG Y NELL

Son los padres de Hamm. Como Hamm y Clov, son complementarios y se parecen tanto que son casi dobles:

- exteriormente se parecen. Sus apellidos empiezan por «N», sólo tienen una vocal, acaban por dos consonantes y son monosilábicos. Tienen la misma tez muy blanca y llevan gorros para dormir. Los dos viven en basuras y surgen de la misma forma (la tapa se levanta y luego sus manos aparecen en los bordes);
- experimentan el mismo deterioro. Sufren la misma discapacidad (no tienen piernas por un accidente de tándem) y conjuntamente empiezan a perder la vista y el oído. Además, tienen frío y su hijo les trata como si fueran basura;
- sus réplicas son simétricas:

> «Nagg: ¿Me ves?
> Nell: Mal. ¿Y tú?
> Nagg: ¿Qué?
> Nell: ¿Me ves?
> Nagg: Mal» (Beckett 1999, 30).

Nagg retoma o completa las réplicas de Nell y a la inversa.

Sus identidades, palabras y cuerpos mutilados les hacen

parecer como el espejo del otro. No tienen individualidad propia, se contentan reflejándose. Es como si estuvieran muertos.

Nagg y Nell son, a la inversa de Clov y Hamm cuyo dúo se rige por el odio y el equilibrio de las fuerzas, una pareja unida:

- el amor que sienten el uno por el otro no lo han destruido sus desgracias. Están uno al lado del otro, juntos, cubo de la basura contra cubo de la basura, como pudieron estarlo antes del accidente. Nell llama a Nagg con el apodo «chato» (Beckett 1999, 29). Nagg conserva para su pareja los tres cuartos de la galleta que le ha dado Clov (Beckett 1999, 32). Muchas veces podemos leer la preocupación de Nagg por su mujer, sobre todo cuando descubre que no reacciona a sus llamadas: entra en su cubo de la basura para no volver a salir puesto que su existencia ya no tiene sentido;
- contrariamente a Hamm y Clov, tienen un pasado que puede recordar juntos: Italia, el noviazgo, el paseo en barco en el lago de Como, etc. (Beckett 1999, 34-35);
- sufren la misma humillación. Su hijo los maltrata, intimida y maldice:

> «Hamm: ¡Maldito progenitor!» (Beckett 1999, 24).

Hamm no siente ningún amor filial y termina envenenado a su madre. La humillación que soportan crea entre ellos vínculos de solidaridad que les permiten sobrevivir.

No obstante, su unión se desintegra:

- su situación de residentes en un cubo de la basura les impide besarse y el amor físico entre ellos es evidentemente imposible. En consecuencia, no pueden expresar el afecto que sienten uno por el otro y su complicidad decae: a Nell no le hace gracia la historia de Nagg que se escandaliza con las palabras de Nell («Nada tan divertido como la desgracia», Beckett 1999, 33). Cuando Hamm grita más fuerte, furioso por sus conversaciones tan estridentes, Nagg se va de inmediato hacia el fondo de su cubo de la basura mientras que Nell se queda inmóvil: el último gesto que llevan a cabo juntos no lo hacen a la vez, como un anuncio de su próxima soledad;

- su única perspectiva es la muerte. El tiempo que les queda para vivir no puede identificarse con un descanso o una bonificación de la que se pueden aprovechar. Sólo es sinónimo de acumulación de pérdidas. Es un tiempo destructor que prolonga e intensifica los sufrimientos;

- el pasado es su único refugio. Puesto que no tienen ninguna expectativa, sólo pueden dar vueltas al tiempo en el que tenían sus piernas. La vuelta al pasado es de doble filo puesto que es cierto que subraya la complicidad y la antigüedad de su unión, pero también sugiere que, desde el lago de Como, no vale la pena mencionar nada, ni el nacimiento de Hamm, ni su crecimiento, ni nada. Incluso reconocen haber sido malos padres. Nell y Nagg forman una pareja muerta, paradójicamente unida, ya sin proyectos ni emociones, que se acuerda de haber existido antaño.

CLAVES DE LECTURA

UNA OBRA MUY SOMBRÍA

Fin de partida es una obra extremadamente sombría por varios de sus aspectos.

Degradación, descomposición y deterioro de los cuerpos

Beckett hace del cuerpo un objeto de repulsión insistiendo en los detalles físicos o psicológicos más desagradables. Los personajes solamente inspiran repugnancia. Clov ya huele la muerte (Beckett 1999, 58), Hamm orina por el catéter y suele bostezar mientras que Nagg quiere que le rasquen el lumbar y sólo se alimenta de papillas: «¡Ah, ya no hay viejos! ¡Atracarse, atracarse, sólo piensan en eso!» (Beckett 1999, 24).

Además de estar disminuidos físicamente, su apariencia no es muy agradable: Clov tiene la tez muy roja y el pañuelo extendido en la cara de Hamm está manchado de sangre (Beckett 1999, 13). Los personajes de Beckett inspiran rechazo, incluidos los visitantes: el mendigo que quiere que Hamm lo acoja con su hijo está negro de mugre y de lágrimas. Sólo Pegg escapa de la fealdad, pero encarna el pasado.

Ninguno de los personajes de la obra está constituido con normalidad, ni tiene integridad física, ni siquiera el perro de peluche al que le falta una pata. Nell y Nagg no tienen piernas y viven como animales sobre un lecho al fondo del cubo de la basura. El lector experimenta un malestar enorme con la repetición de la palabra «muñón» que evoca la imagen de la amputación. Hamm es ciego y está paralizado, Clov está de camino a serlo.

Día a día, el cuerpo se deteriora. Hamm anda con calmantes y revitalizantes. La «gota de agua» que piensa que tiene en la cabeza (Beckett 1999, 31) podría ser un accidente cerebrovascular. Nagg pierde su último diente y su oído y su vista empeoran. La evolución de Clov es cada vez más penosa y al final no puede sentarse. No solamente su estado de salud no se puede mejorar, sino que además no se estabiliza. Su decrepitud continúa sin fin hasta la muerte que se presenta como liberadora.

Existir es morir

La muerte está omnipresente: «El fin está en el principio y sin embargo uno continúa» (Beckett 1999, 78). El proceso de envejecimiento es inevitable y se hunde en la degeneración: « ¡Pero nosotros respiramos, cambiamos! ¡Se nos cae el pelo, los dientes!» (Beckett 1999, 26); «Luego, un día, de repente, esto termina, cambia, no lo comprendo, se muere, o yo, no lo comprendo, ni esto tampoco» (Beckett 1999, 90). El pronombre neutro «esto» hace referencia a una ley natural que no tiene nombre ni rostro y que progresa sin el acuerdo de la voluntad. Beckett reanima los lugares comunes de la huida del tiempo y del envejecimiento, presentes en las artes desde hace siglos. Los asocia al nacimiento con la idea de que nacer, es estar condenado a morir. La muerte no es el fin de la existencia, pero existe desde el primer cuarto de hora: « ¿Que dulcifique los cien mil últimos cuartos de hora?» (Beckett 1999, 92). Aunque creamos que vivimos, morimos poco a poco, pedazo a pedazo.

La muerte es el único futuro posible e imaginable. Alrededor del refugio, siempre está la muerte: « ¿Cómo está todo? ¿En una palabra? ¿Eso es lo que quieres saber? Un segundo. (*Apunta con el catalejo hacia el exterior, observa, baja el catalejo, se vuelve hacia HAMM.*) *Mortibus.* (*Pausa.*) ¿Qué? ¿Satisfecho?» (Beckett 1999, 42-43). En el exterior, no hay gaviotas ni naturaleza, como si toda forma de vida se hubiera apagado. Respecto a las semillas que Clov plantó: «Si hubieran tenido que germinar ya lo hubieran hecho. Nunca germinarán» (Beckett 1999, 28). Todas las relaciones que han mantenido (la madre Pegg, el médico, el loco) han desaparecido. Nell muere envenenado, Nagg se deja morir, Clov y Hamm no estarán mucho más y por otro lado, hablan sin parar del fin.

El odio a la vida

De esta forma, vivir es una maldición y sólo se puede desear el fin de los tiempos. Clov y Hamm odian lógicamente la paternidad. Criar a un niño es castigarlo, condenarlo al sufrimiento y la muerte. Hamm maltrata a su padre: «¡Cerdo! ¿Por qué me engendraste? (Beckett 1999, 61)». Clov, por su parte, no le agradece a Hamm haberle servido como padre adoptivo: «Sí. (*Le mira fijamente.*) Eres tú quien ha hecho de eso» (Beckett 1999, 50), «eso»con un valor peyorativo. Por extensión, odian todo lo que podría regenerar la humanidad. Por eso la pulga, la rata y el niño tienen que desaparecer. Lamentan haber sobrevivido a la catástrofe planetaria y esperan con impaciencia al Apocalipsis. La vida es una duración indeterminada de sufrimientos con la que hay que acabar: «Basta. Y es hora de que esto acabe, también en el refugio» (Beckett 1999, 20). Podemos constatar que la obra no muestra el final: cuando se bajan las cortinas, Clov y Hamm siguen, a su pesar, con vida.

LA REVOLUCIÓN DRAMATURGA

En los años cincuenta, el teatro experimenta una revolución que transforma la escritura y la práctica del arte teatral. Beckett fue uno de los iniciadores, creando el teatro del absurdo que abandona todas las características de la dramaturgia tradicional, como es el caso de *Fin de partida*.

La desaparición de la intriga y la eliminación de los personajes

La obra se niega a contar sea lo que sea y no se basa en ninguna intriga. Se encierra a los personajes en un refugio en el que esperan la muerte. No pasa nada. Algunos movimientos, algunas palabras, nada más, si no es por el inexorable y silencioso paso del tiempo. La idea de la acción está totalmente destruida. No hay exposición, ni peripecias, ni desenlace como en las comedias o en las tragedias clásicas.

Además, Nell y Nagg, Clov y Hamm están desprovistos de todo carácter, no tienen edad y no tienen casi biografía: su identidad es confusa y su patronímico monosilábico, como para subrayar la reducción de su existencia. Los personajes, que van de dos en dos, no tienen en consecuencia una verdadera individualidad.

Finalmente, cabe destacar que la obra no tiene los recortes habituales en actos y en escena. Podemos sólo pensar que está en un acto organizado sólo por los silencios (*Pausa*) y las didascalias.

El rechazo del sentido

Beckett, por recelo del lenguaje significante, rechaza el realismo y lo ideal:

- no tiene ningún deseo de reproducir o de imitar lo real. El lector no tiene indicaciones de nada: las nociones elementales de lugar y de tiempo se confunden. La obra es estiramiento y repetición. *Fin de partida* no es nada creíble ni verosímil. ¿Qué es este Apocalipsis? ¿Cómo puede estar nublado? El autor no se preocupa de eso. Sólo quiere mostrar la espera de la desgracia y no cómo o por qué se produce;
- además, el escritor no propone un sistema filosófico, político o religioso. Pone ironía en boca de sus personajes: Clov se burla de la amistad, del amor y del progreso (son las mismas «imbecilidades», Beckett 1999, 92).

«¡Ayer! ¡Qué quiere decir ayer!»; «ya no significa[n] nada» (Beckett 1999, 56): es cierto, ¿qué significa ayer? ¿Ayer respecto a qué? ¿Por qué se dice ayer y no ayar? La lingüística moderna ha sabido mostrar su complejidad, incluso la opacidad del lenguaje que hace que una simple palabra pueda ser una fuente de malentendidos y de errores de interpretación. El respeto más estricto de la sintaxis no pone a cubierto el sin sentido. Por eso el teatro de la vanguardia no confía en el lenguaje.

Un nuevo lenguaje

La ausencia de intriga y la desconfianza a las palabras dejan lugar al cuerpo, cuya presencia se vuelve obsesiva: los personajes, desilusionados y sin identidad, sólo existen que por y dentro de sus cuerpos. Solamente están ahí. Los distinguimos mejor porque sus cuerpos están mutilados y son repugnantes. Paradójicamente, la importancia de estos cuerpos viene de que están lisiados. Los cuerpos se convierten en el lugar y la forma de la acción: degradación lenta y continua, degeneración hasta la decrepitud. Esta presencia del cuerpo de los actores en el escenario se ajusta mucho a las exigencias del teatro aunque a priori nada parezca menos teatral que este inmovilismo denigrante.

La escritura didascálica es lo otro que mantiene el lenguaje nuevo: en el teatro de la vanguardia, las didascalias tienen una gran importancia. *Fin de partida* debuta además por comentarios técnicos que se refieren al decorado. Todo se muestra físicamente.

LO ABSURDO

La obra se limita a describir la condición humana tal y como es: condenada a la degradación y a la muerte. Vivir en estas condiciones insoportables es un castigo sin motivo.

No es posible ninguna transcendencia, no existe creador. Desde entonces, el mundo no tiene ninguna justificación y podría no haber existido. Es una contingencia fruto de la casualidad. El mundo es inútil. Todas las alusiones bíblicas de la obra se vuelven ridículas en este mundo sin

Dios: «¡Lámanse unos a otros!» (Beckett 1999, 77). De esta forma, no existe razón objetiva de existir. ¿La felicidad? Más ausente que presente, ni Clov ni Hamm la han conocido. ¿El amor y la amistad? Ilusiones. Clov y Hamm se burlan de todas estas invenciones que el hombre ha creado para prepararse ante el vacío de la existencia porque es imposible llenarlo: ningún valor ni ideal puede vencer a la muerte («Reflexione, reflexione, usted es de este mundo, no tiene remedio» (Beckett 1999, 63-64).

Además, la obra cuestiona lo que siempre se ha considerado la grandeza del hombre, su pensamiento: los personajes no demuestran mucha inteligencia, no razonan nunca e incluso ironizan sobre la idea del pensamiento. Esto los reduce a animales: «¡Vayámonos los dos hacia el sur! ¡Por mar! Construirás una balsa. ¡La corriente nos llevará lejos, hacia otros... mamíferos!» (Beckett 1999, 47). Beckett es antihumanista. Sus personajes son más cercanos a los animales a los hombres y se lamentan de la poca humanidad que tienen. El ser humano no tiene un valor supremo. El sueño de la inmovilidad y del silencio de Clov es el sueño de un mundo muerto, sin hombres.

Lo absurdo no es una liberación en Beckett, ni una llamada a la libertad y a la acción, como es el caso de Sartre o Camus. Es sólo la constatación de la inutilidad y futilidad de todo. Samuel Beckett nunca ha querido dar un mensaje. Rechaza radicalmente el sentido.

PISTAS PARA LA REFLEXIÓN

ALGUNAS PREGUNTAS PARA PROFUNDIZAR EN SU REFLEXIÓN...

- La obra ha tenido muchas representaciones muy diversas desde su creación. ¿Usted cómo representaría *Fin de partida*?
- ¿En qué está basada la estructura de la obra?
- ¿Qué puede decir de lo cómico de la obra?
- Revele las referencias mitológicas y explique su papel.
- ¿Qué distingue a Beckett de un autor como Adamov?
- ¿En qué aspecto encarna *Fin de partida* una crisis del lenguaje?
- Analice la notable importancia de los objetos en la obra.
- Analice la subversión del espacio relacional en *Fin de partida*.
- ¿Podemos hablar de fracaso de comunicación en esta obra?

¡Su opinión nos interesa!
¡Deje un comentario en la página web de su librería en línea,
y comparta sus favoritos en las redes sociales!

PARA IR MÁS ALLÁ

EDICIÓN DE REFERENCIA

- Beckett, Samuel. 1999. *Fin de partida*. Traducido por Ana María Moix. Madrid: El Mundo, colección *Millenium*.

ESTUDIO DE REFERENCIA

- Vincelles, Robert. 2009. *Fin de partie*. París: Hatier, colección *Profil bac*.